¿Qué es el dinero?

Primera edición: marzo de 2022
Título original: *10-Sai Kara Shitteokitai Okane No Kokoroe*

© Yoko Yagi, 2019
© de la traducción, Makoto Morinaga, 2022
© de esta edición, Futurbox Project, S. L., 2022
Todos los derechos reservados.
Los derechos de traducción al castellano se han gestionado con EHON NO MORI a través de Japan UNI Agency Inc., Tokio.

Diseño de cubierta: Yamauchi Soichiro (Saiwai Design)
Adaptación de cubierta: Taller de los Libros
Ilustraciones: Ryanyo, Amusement Media - Sogo Academy, Editorial AMG, Kanekomana
Diseño de interior: Tsuyoshi Moroda y Emiko Hatayama (M&K Co. Ltd.)

Publicado por Kitsune Books
C/ Aragó, 287, 2.º 1.ª
08009, Barcelona
info@kitsunekids.com
www.kitsunekids.com

ISBN: 978-84-16788-59-0
THEMA: YNPK
Depósito Legal: B 4016-2022
Preimpresión: Taller de los Libros
Impresión y encuadernación: Cachimán Gràfic
Impreso en España — *Printed in Spain*

YOKO YAGI

¿Qué es el dinero?

Lecciones de economía para niños curiosos

**Traducción de
Makoto Morinaga**

Kitsune Kids

ÍNDICE

Presentación
A los padres

Se suele decir que muchos países, como Japón o España, van a la zaga en lo que respecta a enseñar a los niños a relacionarse con el dinero.

Pero ¿en qué consiste educar sobre el dinero?
   ¿En enseñar un método sencillo con el que ganarlo?
   ¿Una forma para no perderlo?
   ¿O en cómo obtener beneficios y aumentar tu dinero?

Para saber desenvolvernos en el mundo en que vivimos, debemos aprender cuanto podamos sobre el dinero.

Pero ¿son felices las personas que se obsesionan con este tipo de cuestiones?
   ¿Crees que los adultos que solo piensan en eso son geniales?
   ¿Querrías que tus hijos fueran educados por alguien que piensa así?

La intención de este libro es transmitir que el dinero es lo que mueve nuestra sociedad. Por ello, quiero que pienses en él como un medio para mejorarla.

Quiero que pienses en la alegría de ganar dinero con un trabajo que disfrutas.

En la alegría de poder contribuir al resto del mundo a través de un trabajo que te gusta.

En la alegría de invertir en una empresa para apoyarla.

No solo se trata de ganar dinero o de tener más.

Lo importante es cómo lo ganas, cómo puedes ganar más y cómo lo usas.

Si tu forma de ganar y utilizar el dinero está imbuida de tus sentimientos por mejorar la sociedad y del deseo de hacer feliz a la gente, entonces hablar sobre dinero te resultará cómodo y fácil.

La intención de este libro no es regalar palabras bonitas, sino desvelar qué es realmente el dinero.

Yoko Yagi (Kids Money Station)

¡Los profes que te lo enseñarán todo sobre el dinero!

Profe Aoharu

Chiharu Shibata

Pasó de trabajar para un fabricante a ser organizadora financiera. Se involucró en la educación financiera de los niños y niñas porque cree que todo el mundo necesita saber más sobre la relación entre el dinero y la sociedad, aunque no sea algo que suela enseñar.

Profe Mei

Yoko Yagi

Representante de Kids Money Station. Tras asistir a clases sobre educación financiera en Australia, quiso dar a conocer en Japón todo lo que había aprendido, algo a lo que se ha dedicado en los últimos diez años. Le encantan los entresijos ocultos que unen el dinero a la vida de las personas.

Profe Mari

Mari Takayanagi

Tras adentrarse en el mundo laboral descubrió que, para su sorpresa, no sabía nada sobre finanzas y, por necesidad, obtuvo una titulación en 2008. Su lema es «tu yo del futuro depende de tu yo de ahora». Es especialista en seguros.

Profe Ando

Masahisa Ando

Pasó de trabajar como profesor asistente en educación especial a organizador financiero. Ha trabajado con muchos alumnos de primaria y secundaria en su etapa de profesor de apoyo. Su lema es «el dinero es el progreso», y le gusta compartir sus conocimientos sobre el dinero de forma fácil de comprender.

Kids Money Station

Esta organización se creó con el objetivo de compartir con los niños y niñas la importancia de los bienes y el dinero en el voluble entorno de la sociedad actual, con innovaciones como los pagos sin efectivo, los teléfonos inteligentes, videojuegos, etc. Desde su fundación en 2019 y hasta la fecha, ha impartido más de mil trescientos cursos.
http://www.1kinsenkyouiku.com

Profe Yoshi

Yoshi Sodeyama

Tras graduarse, trabajó en banca, asesorando y vendiendo préstamos para viviendas y fondos de inversión. A lo largo de su carrera, descubrió lo poco que se sabía sobre el dinero en Japón y pensó en todo lo que podría haber aprendido en la escuela. Actualmente trabaja en la difusión de la educación financiera para que sea fácil de entender, y utiliza a su hijo como conejillo de indias.

¿Cómo se fijan los precios?

¡Esto es lo que aprenderás!

- La oferta y la demanda
- El mercado de divisas
- Depreciación y apreciación
- Economía
- La inflación y la deflación
- Fluctuaciones económicas
- Los costes

¡Es muy importante que lo que se vende y lo que la gente quiere comprar vayan a la par!

Si lo que se quiere > lo que se vende = los precios suben

Si lo que se quiere < lo que se vende = los precios bajan

Existen muchas razones por las que los productos tienen el precio que tienen. Una de las más importantes es el equilibrio entre la oferta y la demanda. La demanda se define como el deseo de comprar un artículo, mientras que la oferta es el deseo de vender la mercancía.

Si hay más personas que venden un determinado artículo que personas dispuestas a comprarlo, habrá un exceso de productos en el mercado. Cuando esto sucede, el precio del producto en cuestión baja. Por el contrario, si hay menos productos que vender y son muchas las personas que quieren comprarlos, el producto en cuestión es escaso y el precio sube.

Pero, por mucho que haya escasez de productos, si el precio sube demasiado, la gente no podrá comprarlo aunque quiera, porque será muy caro. Si la gente deja de comprar el artículo por ser caro, el precio volverá a bajar por sí solo. El precio se fija de forma que satisfaga tanto a los compradores como a los vendedores. En esto consiste la ley de la oferta y la demanda.

El rincón de preguntas de la profe Aoharu

¿Qué es la **oferta**?

La oferta surge del deseo de los vendedores por hacer que los niños y las niñas tengan el nuevo modelo de bici que ellos venden.

¿Qué es la **demanda**?

La demanda es el equivalente a querer algo, como una bici nueva. Sabemos que algo es popular en base a la demanda que tiene.

¡Cuanta más gente quiere un artículo,

 ¿Por qué los productos son más caros en lo alto de la montaña?

 Porque cuesta más transportar las mercancías y porque hay menos productos que ofrecer

El mismo zumo puede ser mas caro dependiendo de si lo compramos en un supermercado frente a la estación o en la cima de una montaña. Pero piénsalo: ¿quién lleva los zumos hasta la cima? Si los camiones no pueden llegar hasta allí, alguien tiene que cargar con ello a cuestas. Precisamente, debido al elevado coste del transporte, hay pocos zumos disponibles. No solo se trata de un bien escaso y valioso, sino que su transporte es caro y por eso los precios son más altos en la cima.

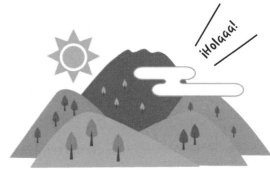

¡Holaaa!

 ¿Por qué los precios no son los mismos en las tiendas 24 horas y en los supermercados?

 Porque en las tiendas 24 horas también pagas por la comodidad

Los precios en las tiendas 24 horas suelen ser un poco más altos, pero el precio no es lo único que importa. Las tiendas 24 horas son muy prácticas porque cuentan con una amplia gama de productos, están distribuidas por las grandes ciudades y abren al público durante muchas horas. Cuando compras en una tienda 24 horas, también pagas por esas comodidades; es decir, sus ventajas no son solo los productos que ofrecen dichas tiendas, sino también los servicios que ofrecen, como su utilidad y su comodidad. Es importante que sepas lo que buscas cuando compras.

más sube el precio!

P ¿Por qué viajar cuesta más durante Semana Santa y las Navidades?

R Porque mucha gente tiene vacaciones y muchos quieren irse de viaje

Durante Semana Santa y las Navidades, muchos padres y madres disfrutan de unos días de vacaciones en el trabajo. Como esos días son de descanso para toda la familia, muchos piensan en irse de viaje. Si analizamos la situación pensando en términos de la oferta y la demanda, esta es abrumadoramente alta en esas fechas, y, como consecuencia del equilibro que debe haber entre oferta y demanda, los precios de los viajes suben.

Los precios de los artículos no solo son baratos o caros. También hay que tener en cuenta lo que queremos y lo que estamos dispuestos a pagar por ellos.

Profe Mari

¡No soy el mismo que ayer!

El valor de una moneda, como el euro, depende del equilibrio entre la oferta y la demanda, y puede repercutir también en los precios

Si alguna vez has visto un telediario o un programa de actualidad, seguramente hayas oído hablar sobre el mercado de divisas. El mercado de divisas es donde se decide cuánto vale una divisa, como el euro o el dólar, frente a otras, como, por ejemplo, la libra esterlina o el yen japonés. En el mercado de divisas no solo están estas monedas, sino que allí se establece el valor de las divisas de todo el mundo. Lo que debes aprender es que el valor de las divisas cambia constantemente. Por ejemplo, pongamos que hoy un euro vale cien yenes, pero mañana vale ciento diez yenes. La razón por la que el valor cambia se encuentra en la ley de la oferta y la demanda. Cuanta más gente quiera cambiar yenes por euros, más subirá el valor del euro, y también funciona a la inversa, si más gente quiere cambiar euros por yenes, el valor del yen aumentará. Esta variación del valor de las divisas puede repercutir en los precios (la explicación está en la siguiente página).

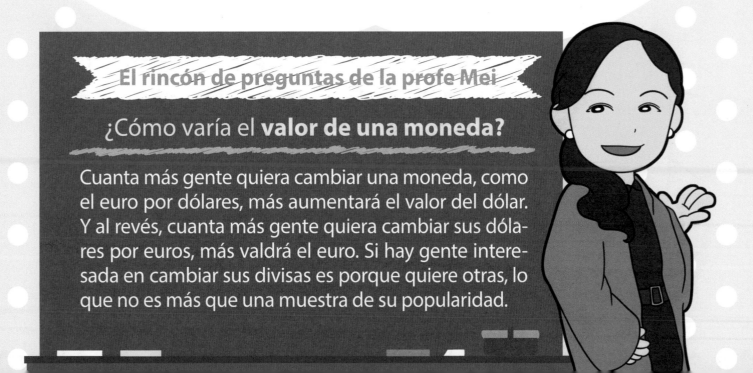

El rincón de preguntas de la profe Mei

¿Cómo varía el **valor de una moneda?**

Cuanta más gente quiera cambiar una moneda, como el euro por dólares, más aumentará el valor del dólar. Y al revés, cuanta más gente quiera cambiar sus dólares por euros, más valdrá el euro. Si hay gente interesada en cambiar sus divisas es porque quiere otras, lo que no es más que una muestra de su popularidad.

¿Sabes qué es la depreciación y la apreciación? ¡Pues tienen mucho que ver con los precios!

Cuanto mayor es la depreciación de una moneda, más caras serán las importaciones

Supongamos que 1 € cuesta 100 ¥, pero luego pasa a valer 110 ¥. En ese caso, nos encontramos ante un debilitamiento del yen, es decir, una depreciación. Es extraño que hablemos de una depreciación del yen cuando su valor aumenta, ¿verdad? Pero, por supuesto, hay una razón para ello.

Si una galleta se vende a 1 € y este equivale a 100 ¥, entonces la galleta vale 100 ¥. Pero si 1 € pasa a valer 110 ¥, tendrás que pagar 110 ¥ por la misma galleta. En otras palabras, necesitarás más yenes para comprar lo mismo porque el valor del yen ha caído. Esto es lo que se conoce como «depreciación». En cambio, si 1 € pasa a valer 90 ¥, hablaríamos de «apreciación».

Este es el motivo por el que los precios de los bienes importados o fabricados con materiales extranjeros a veces suben de precio si hay una depreciación de la moneda del país.

El rincón de preguntas del profe Ando

¿Qué es la depreciación?

Es cuando se necesitan más yenes para obtener un euro. Si antes necesitabas 100 ¥, ahora necesitas 120 ¥, significa que el valor del yen está disminuyendo.

¿Qué es la apreciación?

Es cuando se necesitan menos yenes para obtener un euro. Si antes necesitabas 100 ¥, ahora necesitas 90 ¥, lo que quiere decir que el valor del yen está subiendo.

Se habla de bonanza y recesión económica, pero ¿por qué suben los precios cuando la economía va bien?

La bonanza económica depende de cuánto dinero circula por todo el mundo

Últimamente he ganado mucho, así que me comeré un buen filete.

Me han bajado el sueldo, así que me conformaré con comer una bola de arroz.

Ejemplo de bonanza

Ejemplo de recesión

Si las empresas no obtienen beneficios, los salarios no suben. Como los salarios no suben, los trabajadores compran menos para ahorrar más. Cuando esto sucede, el dinero en circulación disminuye, lo que lleva a lo que se conoce como un «estancamiento de la economía». En cambio, si las empresas tienen beneficios y los salarios suben, hay más gente que se da algún que otro capricho, lo que aumenta el dinero en circulación. En este caso, hablamos de «bonanza económica».

La economía está relacionada con la cantidad de dinero que circula por el mundo, no con el precio de los bienes. La oferta y la demanda se regulan la una a la otra, por lo que, cuando hay bonanza económica, hay más gente que quiere comprar, así que los precios tienden a encarecerse. No hay duda de que los periodos de bonanza económica son mejores, pero la economía fluctúa constantemente. La mayoría de los países continúan desarrollándose a pesar de los ciclos de bonanza y recesión, pero, si un periodo de recesión se alarga en el tiempo, los gobiernos y los bancos deben tomar medidas, conocidas como «políticas fiscales» y «políticas monetarias».

El rincón de preguntas de la profe Mari

¿Qué es realmente la economía?

¿Alguna vez has oído hablar de los indicadores económicos? Es difícil saber si la economía va bien o no mirando solo los precios o el número de desempleados, porque ahora hay quienes tienen más de un trabajo. Cada vez es más complicado valorar la economía en base al dinero en circulación. Al final, la economía es favorable si estás satisfecho con tu vida.

¿Qué son las políticas fiscales?

Son las políticas llevadas a cabo por los gobiernos

¿Qué son las políticas monetarias?

Son las políticas llevadas a cabo por los bancos

No se trata de cuál es mejor y cuál peor, sino de saber reconocer cada situación

Los precios suben cuando hay inflación y bajan con la deflación, pero ¿qué es mejor?

Como hemos explicado anteriormente, la inflación está relacionada con la bonanza económica. Cuando la economía está en expansión, los salarios suben y la gente compra más. A medida que el número de compras aumenta, el precio de los productos sube por la ley de la oferta y la demanda. Este encarecimiento de los bienes es lo que se conoce como «inflación». Una inflación moderada es una situación favorable, pero, si se da un exceso de inflación, puede volverse perjudicial. Cuando el precio de los productos sube, también lo hace el coste de los materiales necesarios para fabricarlos, el coste del transporte, etc. Si todo se encarece, pero el salario de los trabajadores no aumenta, no podrán comprar todos esos productos. Por otro lado, si el precio de los bienes baja y se entra en un estado de deflación, los salarios también bajarán. Cuanto más bajos sean los salarios, menos podrán comprar los consumidores y más bajarán los precios de los productos. Si los precios se mantienen a la baja, se entra en una espiral deflacionaria que puede llevar a una recesión.

El rincón de preguntas de la profe Aoharu

¿Qué pasa cuando hay **demasiada inflación?**

La hiperinflación se da cuando la inflación llega a unos niveles muy altos y el dinero del país deja de ser fiable. Hace unos años, Zimbabue sufrió una hiperinflación y llegó a emitir billetes de cien billones de dólares zimbabuenses. Esto puede parecer muchísimo dinero, pero, al ser el resultado de un encarecimiento extremo, no daría ni para llenar la cesta de la compra. La hiperinflación es así de terrible.

Países que han sufrido
hiperinflación

¡El valor de las divisas se desploma!

1988

Argentina

La hiperinflación comenzó alrededor de 1988 como consecuencia de la emisión sin frenos de moneda. Ese año, la subida de precios fue cinco mil veces superior a la del año anterior. Al año siguiente, en 1989, la hiperinflación no se detuvo y la economía argentina se puso patas arriba. El peso argentino estaba tan desprestigiado que las cuentas de ahorro de la población valían lo mismo que el papel mojado. La hiperinflación perdió intensidad en torno a 1993 y, desde entonces, la economía argentina ha experimentado recurrentemente periodos de hiperinflación. Es una situación realmente horrible.

1992

Rusia

Rusia formaba parte de un país más extenso llamado Unión de Repúblicas Socialistas Soviéticas (URSS), que se disolvió en 1991 para dar paso a la Federación de Rusia, o simplemente Rusia. Tras el colapso de la URSS, la economía rusa se sumió en el caos y en la hiperinflación. En 1992, la tasa de aumento de los precios fue veintiséis veces superior a la del año anterior. Pongamos, por ejemplo, que esto mismo sucediera en nuestro país y que el precio de una tableta de chocolate, que el año pasado era de 1 €, este año pasara a valer 26 €. Terrible, ¿verdad? Nadie querría una chocolatina tan cara.

2008

Zimbabue

Este país africano logró su independencia en 1980, tras lo cual el Gobierno de Zimbabue expulsó del país a los agricultores blancos que los habían gobernado. A consecuencia de ello, en Zimbabue escaseó la mano de obra agrícola y llegaron las malas cosechas, lo que llevó a que, hacia el año 2000, la inflación empezara a crecer. En 2008, los precios se habían multiplicado por millones. Los precios continuaron subiendo y, finalmente, se emitieron billetes de cien billones de dólares zimbabuenses. Como resultado de todo esto, la economía de Zimbabue se hundió por completo.

El mercado está en constante fluctuación. ¡La economía global va siempre al alza!

Mientras el mundo siga cambiando, la inacción siempre supondrá un riesgo

¿Alguna vez has oído hablar de la enseñanza budista sobre la impermanencia de las cosas? Dicha enseñanza nos dice que nada en el mundo permanece inmutable, y este principio también es aplicable a la economía y al dinero. La economía fluctúa constantemente. En este libro hemos mencionado los diferentes factores que pueden afectar a la variación de los precios. Los seres humanos crecen a lo largo de toda su vida, y la economía mundial lo hace cada año. Piensa por un momento en lo que pasaría si guardaras tus ahorros en una caja fuerte en tu casa durante mucho tiempo. Supongamos que guardas 100€ en esa caja fuerte y que, al cabo de diez años, quieres gastarlos. Quizá ahora puedas comprarte una videoconsola que valga 100€, pero dentro de diez años los precios habrán subido tanto que no podrás permitírtela. Es importante que atesores tu dinero, pero tus ahorros deben crecer junto con la economía.

El rincón de preguntas de la profe Mari

Asume **pequeños riesgos** para poder **disfrutar en el futuro**

Nadie sabe lo que nos depara el futuro y eso supone un riesgo; en otras palabras, las personas no podemos vivir sin asumir riesgos. Esta misma mentalidad es aplicable al dinero. Claro que es importante guardar nuestro dinero en un lugar seguro, pero también lo es asumir el reto de usar una parte de nuestros ahorros para contribuir a la economía y conseguir más dinero.

¡Así varían los precios de los bienes con el paso del tiempo!

Los precios cambian en función del crecimiento económico

Existen muchos ejemplos de cómo han variado los precios de los bienes con el paso del tiempo. Hubo una época en que, en Japón, se podía enviar una postal por el equivalente a dos céntimos de euro. Cabe esperar que los precios sigan cambiando en el futuro.

¡Así ha subido el precio del envío de una postal!

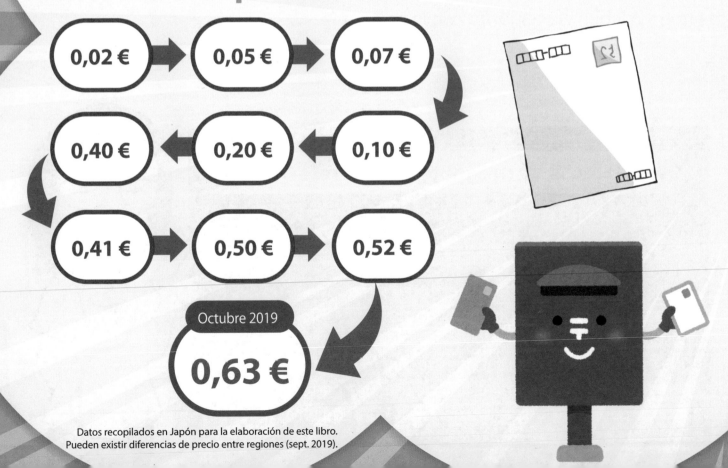

0,02 € → 0,05 € → 0,07 €

0,40 € ← 0,20 € ← 0,10 €

0,41 € → 0,50 € → 0,52 €

Octubre 2019
0,63 €

Datos recopilados en Japón para la elaboración de este libro.
Pueden existir diferencias de precio entre regiones (sept. 2019).

¡Qué guay es ir de viaje en familia!

¡Cuando sea mayor también quiero ir en taxi!

Variación de los precios de los baños públicos

Variación de los precios de los trayectos en taxi

Año	Baños públicos		Año	Trayectos en taxi
1950	0,10 €		1950	0,30 €
1955	0,15 €		1955	0,80 €
1960	0,17 €		1965	1,00 €
1965	0,28 €		1970	1,30 €
1970	0,38 €		1975	2,80 €
1975	1,00 €		1980	3,80 €
1980	1,95 €		1985	4,70 €
1985	2,60 €		1990	5,20 €
1990	3,10 €		1995	6,50 €
2000	4,00 €		2010	7,10 €
2010	4,50 €		2015	7,30 €
2014	4,60 €			
2019	4,70 €			

Estimación de precios en baños públicos de Tokio para un adulto convertidos a euros.

Te pago 30 céntimos

¡Ni hablar!

¿Cuánto cuesta producir una tableta de tableta de chocolate?

Los costes tienen un papel muy relevante a la hora de fijar el precio de un producto

Mano de obra

Diseñador

Ingredientes

Transportistas

Para fabricar una tableta de chocolate se necesitan muchos ingredientes, como azúcar y cacao, además de trabajadores que fabriquen un buen chocolate. Si las tabletas de chocolate se van a vender en cajas, se necesita un diseñador que se encargue del diseño del envase. Y no podemos olvidarnos de los transportistas que distribuyen las tabletas en las tiendas. Se necesita mucho dinero para fabricar un solo producto. El dinero necesario para la fabricación de un producto se denomina «coste». Cada empresa tiene un coste dedicado a un producto y, si dicho producto se vende a un precio inferior al necesario para su fabricación, la empresa pierde dinero. Cuando vayas a una tienda y veas los precios de los artículos, pregúntate siempre por qué tienen el precio que tienen. Si un producto es más complejo de fabricar, entonces debes aceptar que sea un poco más caro.

El rincón de preguntas de la profe Yoshi

¿Qué son los **costes**?

El precio de los materiales, la mano de obra y el transporte necesarios para la venta de un producto se denomina «coste». Cuando se decide el precio de un producto, si este se fija a un precio inferior al que ha costado, se pierde dinero. Cuanto mayor sea el coste de un producto, mayor será su precio de venta. El coste es un principio fundamental para determinar el precio de un producto, ya que marca el precio a partir del cual se obtienen beneficios.

¡EXTRA!

¡CITAS sobre el DINERO a lo largo de la historia de Oriente y OCCIDENTE!

Parte 1

> Tu dinero, tu trabajo, tus posesiones… son todo tuyos, pero en cierto modo los has obtenido del mundo. Los han dejado a tu cargo.

El dinero, el trabajo y las posesiones no son tanto cosas que consigues, sino cosas que recibes, así que siéntete agradecido por el dinero que tienes.

Konosuke Matsushita (1894 - 1989)

Empresario japonés que fundó Panasonic (anteriormente conocida como Matsushita Electric Tools, Matshushita Electric Works y Matsushita Electric Industrial).

Sócrates (470 a. C. – 399 a. C.)

Filósofo de la Antigua Grecia conocido por la ignorancia (o sabiduría) socrática y por su famosa cita: «Solo sé que no sé nada».

> Por mucho que el rico se jacte de su riqueza, no lo alabes hasta saber cómo la va a gastar.

En vez de asombrarte por el dinero que tiene alguien, observa cómo lo gasta. Será entonces cuando veas el valor humano de esa persona.

¿Cómo será el dinero del futuro?

¡Esto es lo que aprenderás!

- *Cashless*
- TPV
- Ventajas e inconvenientes
- Los criptoactivos

Hoy en día podemos comprar mediante aplicaciones y tarjetas virtuales accesibles a través de nuestros teléfonos móviles inteligentes, sin necesidad de llevar encima dinero en efectivo. Existen tres métodos de pago *cashless* (sin efectivo) en función del momento en que queramos pagar. El primero de ellos es mediante prepago, en el que destaca el uso del dinero electrónico, o *e-money*. Primero se hace un ingreso previo (una recarga) para poder utilizar ese dinero más tarde, como ocurre con las tarjetas de los medios de transporte. El segundo tipo es el pago en el acto o instantáneo mediante una tarjeta de débito con la que abonas el importe desde tu cuenta bancaria en el momento en que realizas la compra. El tercer y último tipo son los pagos aplazados con tarjetas de crédito. Estas tarjetas te permiten pagar después de haber realizado una compra porque el establecimiento confía en que pagarás más adelante. En comparación con el prepago y el pago en el acto, el pago aplazado puede llevarte a gastar más de la cuenta y a endeudarte al dejarte llevar por la idea de que, como lo pagarás después, puedes comprar todo lo que quieras.

El rincón de preguntas de la profe Aoharu

Un día sin efectivo

Seguramente hayas viajado alguna vez en tren y hayas tenido que validar tu tarjeta antes de entrar. Ese también es un ejemplo de dinero electrónico. Hoy en día, muchas tiendas lo aceptan, por lo que puedes comprar alimentos y otros artículos sin tener que pagar en efectivo. Veamos cómo es un día de una persona sin efectivo.

7:00 Levantarse
8:00 Ir a trabajar en tren (2 € con la tarjeta prepago)
12:00 Almuerzo (7 € con la tarjeta prepago)
17:00 Ir de compras después del trabajo (compras un manga en la librería por 6 € con la tarjeta prepago)
18:00 Vuelves a casa en tren (2 € con la tarjeta prepago)
19:00 Cenas con tu familia (compras en un supermercado cercano con la tarjeta prepago)
21:00 Dormir

Tarjetas, códigos QR, códigos de barras, chips… ¡Hay muchas formas de pagar sin efectivo!

El sistema de pagos sin efectivo está gestionado por las numerosas empresas expendedoras de tarjetas de crédito y débito y por los proveedores de servicios de pago electrónico que existen en todo el mundo. Al haber tantas empresas, es normal que cada una desarrolle un método diferente. Por ejemplo, las tarjetas de crédito cuentan con una banda magnética negra que es una especie de imán. A través de esas bandas, se puede leer la información de la cuenta bancaria con la que se hace el pago.

Las tarjetas CI, como las que se usan para ir en transporte público, cuentan con un pequeño trozo de plástico llamado «chip CI» que almacena datos como la hora a la que has entrado o salido del metro y el dinero que queda en la tarjeta. Los códigos QR y los códigos de barras que se ven en las aplicaciones también son un gran avance tecnológico. Estos símbolos y líneas también contienen muchos datos. Como ves, existen muchos métodos para pagar sin efectivo, pero todos funcionan de la misma manera: necesitan ser leídos para acceder a los datos con los que realizar el pago.

El rincón de preguntas de la profe Mari

¿Pagar mediante reconocimiento facial?

Las formas de pago *cashless* o sin efectivo siguen evolucionando, y llegará el día en que podamos comprar enseñando nuestra cara, sin bandas magnéticas ni códigos QR. Una máquina nos hará un reconocimiento facial y sabrá quiénes somos, dónde vivimos y los datos de nuestra cuenta bancaria para poder comprar. Este nuevo método ya se está probando en algunos supermercados y tiendas 24 horas de Japón.

El *cashless* es fácil de usar, pero también tiene su lado peligroso

La característica más destacada del *cashless* es que funciona mediante el intercambio de datos. Cuando vas a comprar un artículo en una página web, solo tienes que introducir el número de la tarjeta de crédito y el CVV. Pero internet también es el escondite perfecto para los *hackers,* que pueden hacerse con tu información personal accediendo al sistema para usarla para sus propios fines. De hecho, se han dado casos en los que estos *hackers* han logrado robar cuantiosas sumas de dinero electrónico.

También debes tener cuidado con las tarjetas CI para el transporte público. Imagina que la tarjeta se te cae y la recoge otra persona; podría usar tu dinero sin tu consentimiento y los dependientes de los establecimientos no sabrán que se trata de dinero robado. Así que recuerda que, aunque no sea tangible, no deja de ser tan valioso como el dinero en efectivo.

Si pierdes tu tarjeta, habla con tu banco lo antes posible

El rincón de preguntas de la profe Mei

Cómo evitar miradas indiscretas

Ten varias cuentas

Si solo tienes una cuenta y sufres una transacción fraudulenta, podrían quitarte todo el dinero. Teniendo varias cuentas, mantendrás buena parte de tu dinero a salvo, por lo que resulta muy útil y seguro.

Comprueba los extractos bancarios

Algunos ladrones de dinero electrónico lo roban en pequeñas cantidades para que no te des cuenta. Comprueba tus extractos para ver si te falta algo y sospecha si ves operaciones que no recuerdas haber hecho.

¡Ayuda a personas de todo el mundo a través de internet! ¿Qué son los criptoactivos (o criptomonedas)?

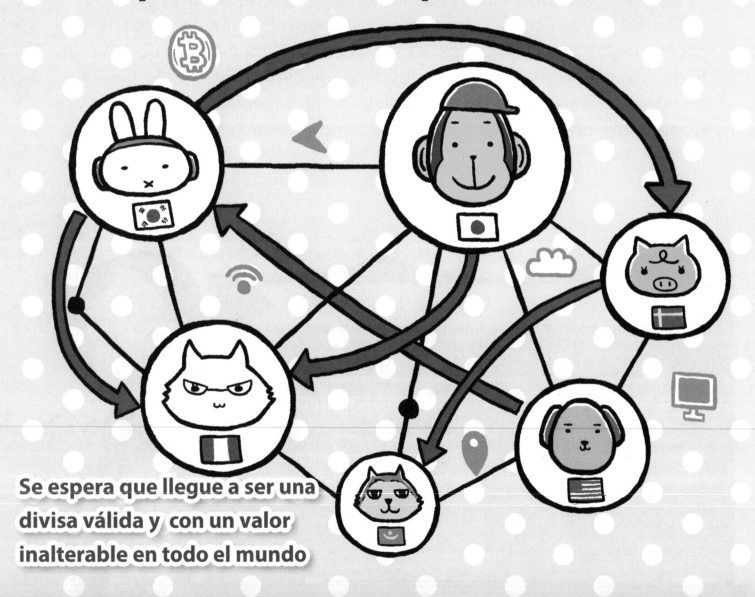

Se espera que llegue a ser una divisa válida y con un valor inalterable en todo el mundo

¿Alguna vez has oído hablar de los criptoactivos? Son datos que se generan en internet y que pueden usarse como divisa. Hay muchos disponibles, pero el más famoso es el *bitcoin*. A diferencia del dólar o del euro, el *bitcoin* puede usarse en transacciones en cualquier parte del mundo. Imagina que quieres donar dinero a una persona muy necesitada en Brasil. Primero deberías hacer un cambio de divisa de euros o dólares a reales brasileños, por el que, además, tendrías que pagar una comisión. En cambio, con los criptoactivos puedes enviar el dinero directamente.

El valor de una moneda fluctúa en función de la situación económica del país, ya que, en base a ello, genera ese crédito (o confianza). Por su parte, los criptoactivos cuentan con un sistema llamado *blockchain,* que permite a los usuarios controlar los movimientos de su dinero, por lo que no resulta tan fácil que se produzcan robos. Si, por ejemplo, se diera el caso de que la economía japonesa empeorara y el yen perdiera valor, no afectaría a los criptoactivos. Esta estabilidad ha hecho que mucha gente confíe en ellos y que estén en pleno auge.

El rincón de preguntas del profe Ando

¿Qué significa 7-19-1-3-9-1-20?

¡A ver si resuelves este acertijo! ¿Sabes lo que significa 7-19-1-3-9-1-20? La respuesta la obtienes sustituyendo cada número por la letra del abecedario en dicha posición numérica (la palabra resultante es «gracias»). Este tipo de códigos secretos son esenciales para compartir los criptoactivos, que se llaman así porque este dinero solo puede compartirse con quienes saben descifrar el código.

Los criptoactivos hacen historia

La moneda virtual de los juegos *online*

Los criptoactivos son bastante recientes, pues se crearon hará unos diez años. Antes se usaban como moneda ficticia en juegos *online*. Estos juegos contaban con jugadores en todo el mundo y, a cambio de ayuda, te daban estas monedas como agradecimiento. Es como ir al supermercado a comprar unas golosinas. Al pagarlas, muestras tu agradecimiento por que te vendan las chucherías. Las monedas de los juegos *online* no eran una divisa real, pero cumplían una función similar.

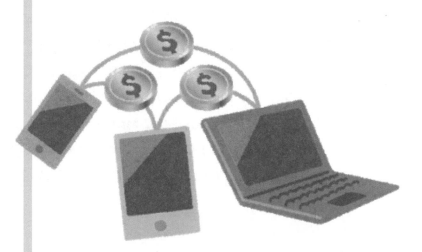

El misterioso Satoshi Nakamoto inventó una nueva divisa, la moneda virtual, que ganó popularidad en un abrir y cerrar de ojos

En 2008, alguien tuvo la idea de que la moneda usada en los videojuegos también podría usarse en el mundo real; así surgió la empresa Bitcoin. Tras esta idea se encuentra Satoshi Nakamoto, que nunca ha mostrado su rostro a los medios de comunicación. Satoshi escribió un artículo en el que insinuaba que gente de todo el mundo podría hacer transacciones sin tener que preocuparse de las fronteras, y la gente empezó a comprar *bitcoins* en grandes cantidades al verla como la divisa del futuro. Incluso en Japón, la gente empezó a ver el *bitcoin* como una divisa más fiable que el yen y mucha gente se hizo con ella.

Hackeo durante un intercambio produce unas pérdidas de 58 000 millones de yenes

En febrero de 2014, alguien consiguió hacerse con el control de Mt. Gox, la mayor plataforma de intercambio de Bitcoin, y desaparecieron alrededor de 2800 millones de yenes (unos 21 millones de euros o 24 millones de dólares). Se rumorea que la bolsa Mt. Gox no tenía un sistema con el que vigilar los activos y que el sistema de gestión era muy vulnerable a ciberataques. Un tiempo después, en enero de 2018, la criptomoneda nipona NEM fue robada durante un intercambio llamado Coincheck, produciendo unas pérdidas estimadas en 58 000 millones de yenes (unos 440 millones de euros o unos 500 millones de dólares). Las criptomonedas aún no eran seguras.

Cambio de nombre en 2018. Los criptoactivos siguen evolucionando

¿Se pueden ganar dinero así?

Los criptoactivos no solo gustan más por ser más fiables que la divisa estatal, sino porque se puede ganar dinero comprándolos y vendiéndolos como si fueran acciones. Muchos adultos ganan dinero así y no es algo malo, pero tampoco debes buscarte la ruina con ello. Usa tu dinero con precaución, sea como sea que decidas gastarlo. Si sigues este consejo serás inteligente cuando seas mayor.

¿Usar criptoactivos en vez de dinero?

En 2018, la Agencia de Servicios Financieros (FSA), una agencia gubernamental japonesa responsable de supervisar la banca, cambió la denominación de moneda virtual por la de criptoactivos. La idea tras este cambio es que las monedas virtuales no son divisas en sí, sino un tipo de posesión que puede intercambiarse por internet, lo que las hace más parecidas a un activo. Aunque cambiaron de nombre, siguen siendo lo mismo.

Las sorprendentes divisas De todo el mundo

de la Antigüedad

Trueques para conseguir lo que querías

Hubo un tiempo en que no existía el dinero. Por aquel entonces, si querías comer pescado, tenías que negociar con la persona que lo tenía para intercambiarlo, por ejemplo, por carne. Podía suceder que a la otra persona no le interesara la carne que le ofrecías, por lo que no era posible llevar a cabo el intercambio. Fue así como surgió la necesidad de inventar un medio de cambio que tuviera el mismo valor que aquello que querías intercambiar.

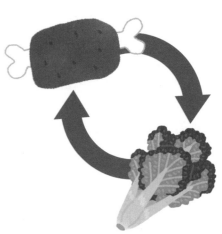

En cada país y región se usaron diferentes objetos como forma de pago

China

Conchas

En la antigua China, las conchas eran un bien preciado y, por ello, las conchas de cauri decoradas se usaban como dinero. Y no solo en China; también eran una forma de pago en India y África.

Pago con metales: espadas y herramientas agrícolas

Además de las conchas, las espadas de bronce (una aleación de metales) fueron usadas como bien de intercambio. También se pagaba con aperos de labranza, como arados, para cultivar los campos.

Antigua Roma

La sal En época romana, se libraban muchas batallas y a los soldados se les pagaba con sal. Seguramente te resulte sorprendente, pero la sal es muy necesaria para los seres humanos. Incluso algunas de las palabras que usamos hoy en día, como *asalariado* (quien recibe un sueldo), derivan de la palabra *sal*.

África oriental

Ganado bovino, ovino y caprino

En África oriental, el ganado bovino, ovino y caprino se usaba como moneda de cambio en vez de destinarlos a la producción de alimentos.

Micronesia

Enormes discos de piedra

En la isla de Yap, en Oceanía, se usaban como divisa unos discos de piedra, que iban desde los 30 centímetros a los 3 metros. En el centro tenían un agujero redondo por el que pasaban un tronco para transportarlos. Cuanto más grandes fueran los discos, más valiosos eran.

¿Cómo eran posibles los intercambios si no había dinero?

Resulta curioso que puedas conseguir aquello que quieres dando a cambio una concha marina o un disco de piedra gigante. Estas divisas tenían un valor común y se confiaba en ellas. Si no querías las conchas, podías cambiarlas por verduras. Como ves, es el mismo principio que aplicamos al dinero actual.

¿Cómo será el dinero del futuro?

¡EXTRA!

¡CITAS sobre el DINERO a lo largo de la historia de Oriente y OCCIDENTE!

Steve Jobs (1955 - 2011)

Empresario estadounidense. Fue uno de los cofundadores de Apple Inc.

Parte 2

No me importa ser el hombre más rico del cementerio. Acostarme todas las noches sabiendo que he hecho algo importante, ¡eso es lo que me importa!

Cuando morimos, no podemos llevarnos todas nuestras riquezas a la tumba. No importa cuánto dinero tengas al morir, sino cómo vives tu vida.

George Bernard Shaw (1856 - 1950)

Novelista, dramaturgo y político irlandés. Autor de la famosa obra de teatro *Pigmalión*.

Si llegas a ser rico, procura hacerte feliz a ti mismo, a los demás y al resto de la sociedad. Invierte tu dinero en felicidad.

Es fácil encontrar personas de sesenta años que afirmen ser diez veces más ricas que cuando tenían veinte años. Pero ninguna de ellas dirá que es diez veces más feliz.

¿Para qué sirven los bancos?

¡Esto es lo que aprenderás!

- Las funciones de los bancos
- Las tres operaciones básicas
- El Banco Central

¿Qué es un banco? ¿Para qué sirven? ¿Puedo ganar dinero depositando mis ahorros en una cuenta?

¿Alguna vez has visto a tu padre o a tu madre sacar dinero del cajero automático del banco? ¿No es asombroso que, con tan solo teclear un número en una máquina, salga dinero? Ese dinero no se lo da el banco, sino que son los ahorros que tus padres han depositado previamente en el banco. Y te preguntarás, ¿por qué los adultos guardan su dinero en el banco en vez de tenerlo en casa?

En parte es porque, guardándolo en casa, puedes perderlo o te arriesgas a que te lo roben, pero también porque el banco hace que tus ahorros aumenten a medida que vas depositando más dinero. Los bancos recompensan con intereses a quienes hacen depósitos, porque ellos utilizan ese dinero para conceder préstamos a otras personas y ayudar a empresas que lo necesitan. Los tipos de interés varían de un banco a otro, por lo que es importante comparar las condiciones de los bancos a la hora de hacer un depósito.

El rincón de preguntas de la profe Mei

¿Los intereses son solo del 0,001 %?

Los bancos son maravillosos: ingresas el dinero y te dan más. Hace tiempo, el tipo de interés llegó a ser del 3 % del importe depositado, pero ha disminuido progresivamente hasta llegar al actual 0,001 % en las cuentas de ahorro. Esto quiere decir que, si depositas 1000 €, al cabo de un año recibirás 1 céntimo. Con eso no te llega ni para comprarte un chicle, pero menos da una piedra.

¿Cómo funciona un banco?

Los tipos de interés son la forma que tiene el banco de agradecerte que deposites allí tu dinero

Como hemos visto, al depositar dinero, los bancos no se limitan a guardarlo, sino que te dan una rentabilidad en agradecimiento por habérselo dado. La rentabilidad es baja, por lo que tu dinero crecerá poco a poco.

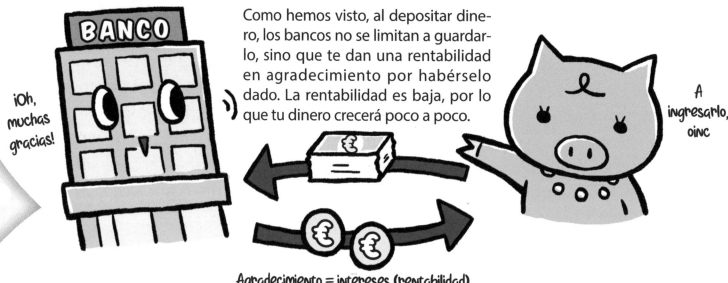

¡Oh, muchas gracias!

A ingresarlo, oinc

Agradecimiento = intereses (rentabilidad)

Los bancos no pierden dinero pagando intereses porque al devolver los préstamos se paga un interés extra

¿Por qué los bancos no quiebran incluso pagando rentabilidad a tantas personas? Ya hemos mencionado que los bancos prestan el dinero a quienes lo necesitan para, por ejemplo, comprarse una casa o un coche. Estas personas devuelven el dinero más adelante al banco pagando un extra como agradecimiento por el préstamo, que se conoce como «interés».

Necesito dinero

¡Aquí tienes!

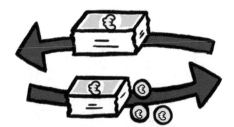

Agradecimiento = intereses

El fundamento de los intereses y la rentabilidad

Los bancos reciben más dinero del que prestan

Y esa es la principal razón por la que los bancos no quiebran. Cada banco ofrece una rentabilidad diferente, pero todos los bancos reciben más dinero del que prestan. Los intereses que se pagan por los préstamos se usan para cubrir los intereses, ¡y con eso les sobra! Eso es lo que permite que los bancos funcionen.

Dinero devuelto tras un préstamo

Dinero prestado

¡No es justo que los bancos ganen tanto dinero!

Balance

Sueldo

Con esa diferencia restante, pueden pagar a sus trabajadores

Ahora que sabes cómo funcionan los bancos, quizá pienses que es todo un engaño, porque los bancos ganan dinero quitándoselo a otras personas, pero los bancos no ganan ese dinero porque sí; parte del dinero lo destinan a pagar a sus empleados. Esto no lo hacen solo los bancos, sino todas las empresas. Todas ellas usan los beneficios que ganan para pagar a sus trabajadores, para así continuar activando la economía.

Las tres operaciones básicas que mantienen la economía activa: los depósitos, los préstamos y los giros

Además de guardar el dinero, los bancos tienen otra función importante: mover el dinero de unas cuentas bancarias a otras

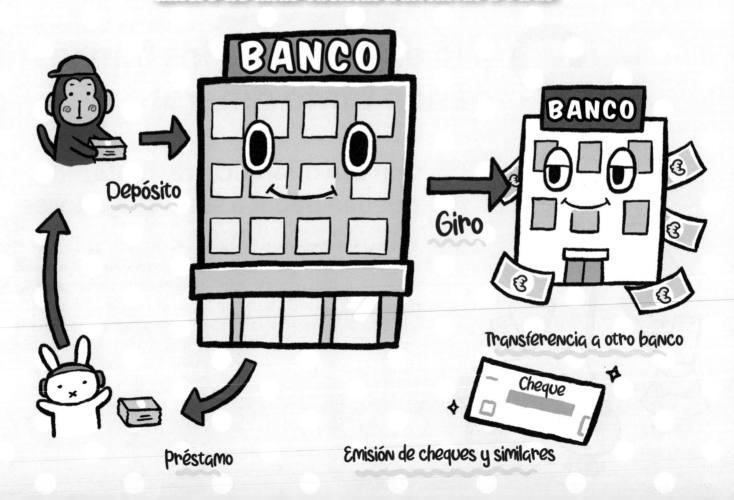

Depósito

Giro

Transferencia a otro banco

Cheque

Préstamo

Emisión de cheques y similares

Ya hemos aprendido dos de las operaciones básicas que los bancos pueden hacer, que son la de permitir que la gente haga depósitos y la de prestar dinero a quienes lo necesitan. Pero, además, llevan a cabo otra importantísima función, que es la del giro. Mucha gente piensa que este término solo se usa para los envíos de dinero al extranjero de los que tanto se habla en los informativos sobre economía, pero no es así.

El sueldo que te pagan por tu trabajo se ingresa en una cuenta de la que, cuando pagas con tarjeta, se te deduce el importe de la compra. A la transferencia de dinero de una cuenta de banco a otro banco se la denomina «giro». Sería un fastidio que no hubiera nadie que se encargara de gestionar los giros, ¿verdad? Es una función muy importante que solo los bancos pueden llevar a cabo. Así pues, sus tres funciones principales son: aceptar depósitos, ofrecer préstamos y realizar giros.

El rincón de preguntas de la profe Yoshi

Además de los bancos, existen otras instituciones financieras

En los últimos años, se han hecho muy conocidos los bancos *online*, sin oficinas físicas y cuyas gestiones se hacen a través de internet. Otro tipo de bancos son las cooperativas de ahorro y crédito, a los que solo tienen acceso las pequeñas empresas y los residentes de una zona concreta; o las «cooperativas de trabajadores», creadas para ayudar a los trabajadores. En Japón, por ejemplo, todas las prefecturas (similares a las provincias) cuentan con ellas y están pensadas para dar apoyo económico a los trabajadores, por lo que no prestan dinero a empresas. El dinero depositado en ellos se usa para mejorar la calidad de vida de otros trabajadores.

El Banco Central es el único que puede emitir dinero y regular los tipos de interés

En el mundo hay muchos bancos, pero solo los bancos centrales pueden emitir moneda. El banco más importante de cada país se llama Banco Central. Este banco imprime y emite dinero gracias a una imprenta controlada, a su vez, por el Ministerio de Economía. La imprenta no imprime un número determinado de billetes todos los días, ni tampoco los que quiera, porque, si hubiera demasiado dinero, la economía sería un caos, pero tampoco puede faltar. Por ello, el Banco Central comprueba constantemente los movimientos de las divisas y emite los billetes o monedas que sean necesarios. De esta forma, la economía se mantiene estable, contribuyendo a que los precios de los artículos se adapten a cada situación. Como ves, los bancos centrales son lugares muy importantes.

El rincón de preguntas de la profe Aoharu

La independencia del Banco Central del Gobierno asegura una mejor toma de decisiones

El Banco Central de cada país es único y es una organización independiente del Gobierno porque, si la economía atravesara una mala racha y los políticos pidieran emitir más moneda, esa podría no ser la mejor opción, ya que, al emitirse más moneda de la necesaria, se puede generar inflación. Al ser una entidad independiente, puede tomar sus propias decisiones y no cometer errores por atender las peticiones de los políticos.

¡EXTRA!

¡CITAS sobre el DINERO a lo largo de la historia de Oriente y OCCIDENTE!

Parte 3

> El dinero no lo es todo en esta vida, pero ayuda. Si no lo tienes, lo pasas mal, así que es mejor cuando se tiene.

**Mitsuo Aida
(1924 - 1991)**

Poeta y calígrafo japonés, también conocido como «el poeta de las letras» o «el poeta de la vida». Su obra más conocida es *Porque soy humano*.

No tener dinero es un problema, pero hacer que tu vida gire en torno al dinero también lo es. Es importante saber cómo usar el dinero.

> El dinero es como el estiércol: no es bueno a no ser que se esparza.

**Francis Bacon
(1561 - 1626)**

Filósofo, teólogo, político y aristócrata inglés. Su cita más célebre es «saber es poder».

El estiércol se usa como abono. El dinero es como el abono: no hay que acumularlo, sino usarlo y probar cosas nuevas.

¿Se puede conseguir más dinero invirtiendo?

¡Esto es lo que aprenderás!

- Invertir y ahorrar
- Las empresas y el futuro
- Las sociedades anónimas y las acciones
- *Crowdfunding*

Invertir es hacer que tu dinero crezca

Es importante ahorrar dinero y poner a trabajar nuestros ahorros

Además de trabajando, existe otra forma de ganar dinero: poniéndolo a trabajar, es decir, invirtiéndolo. Si guardas tu dinero, siempre tendrás la misma cantidad, ni más ni menos. Invertir consiste en dar tu dinero a una empresa a cambio de acciones para recibir parte de sus beneficios y, así, conseguir más dinero. Hay personas que creen que solo pueden estar tranquilos ahorrando su dinero, pero dedicarse únicamente a ahorrar tiene sus riesgos, porque, aun teniendo una gran suma de dinero, su valor puede disminuir por la inflación. Ese es el riesgo que se corre al no hacer nada con el dinero y dejando escapar la oportunidad de invertir solo porque parece muy difícil. Saber cómo usar tu dinero para ganar más es importante para tu futuro, así que es bueno que empieces a pensar en ello mientras seas pequeño hablándolo con tus padres, que te orientarán y te darán la información que necesites sobre las inversiones.

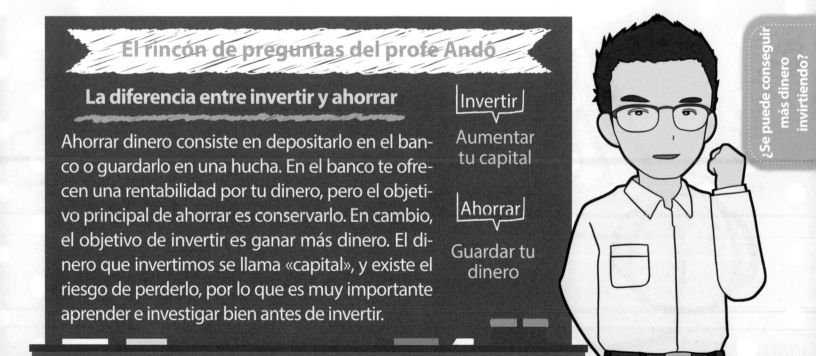

El rincón de preguntas del profe Andó

La diferencia entre invertir y ahorrar

Ahorrar dinero consiste en depositarlo en el banco o guardarlo en una hucha. En el banco te ofrecen una rentabilidad por tu dinero, pero el objetivo principal de ahorrar es conservarlo. En cambio, el objetivo de invertir es ganar más dinero. El dinero que invertimos se llama «capital», y existe el riesgo de perderlo, por lo que es muy importante aprender e investigar bien antes de invertir.

Invertir
Aumentar tu capital

Ahorrar
Guardar tu dinero

¿Se puede conseguir más dinero invirtiendo?

Invertir ayuda a las empresas a crecer

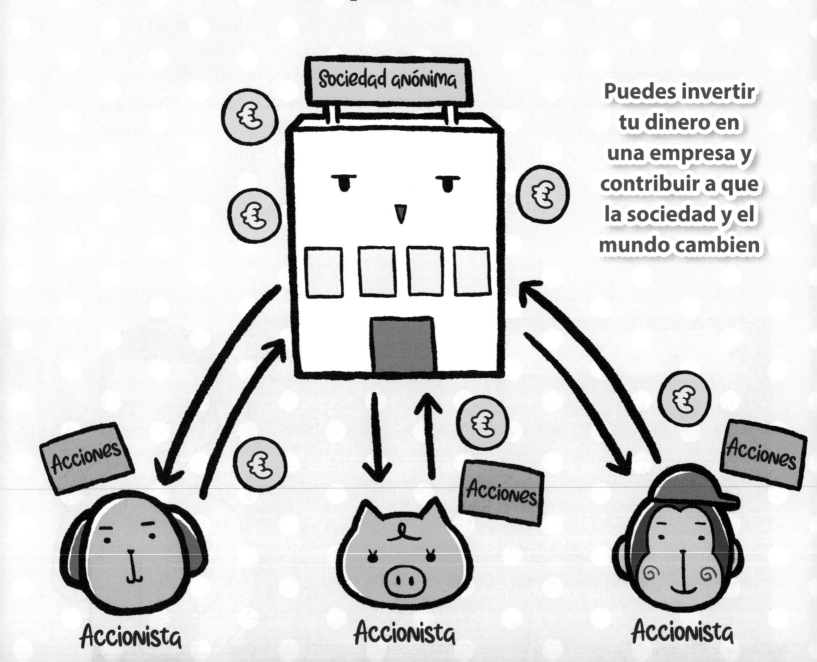

Sociedad anónima

Puedes invertir tu dinero en una empresa y contribuir a que la sociedad y el mundo cambien

Acciones

Acciones

Acciones

Accionista

Accionista

Accionista

El truco para elegir una empresa en la que invertir es escoger una a la que quieras apoyar de verdad. Invirtiendo tu dinero, ayudas a esa empresa, ya que usará ese capital que recibe para mejorar su rendimiento.

Elige una empresa cercana a ti. Si te gustan mucho los helados, puedes buscar alguna heladería. Una vez encuentres una empresa cuyos productos te gusten y que desees que prospere, invierte en ella. Seguro que yendo por la calle has visto alguna heladería y te ha entrado curiosidad por saber qué nuevos sabores tendrán en el futuro. No solo es importante apoyar a la empresa en la que inviertes, sino también prestarle atención porque, si solo miras el aspecto económico, no la estás apoyando realmente. En las páginas web de las empresas encontrarás información sobre sus políticas de gestión, lo que te ayudará a saber cuáles son los fines de cada una.

¿Se puede conseguir más dinero invirtiendo?

El rincón de preguntas de la profe Aoharu

Invierte pensando en lo que sea mejor para el mundo

Imagina que hay dos fábricas de coches. Los coches fabricados por una de ellas son muy eficientes, pero muy contaminantes, mientras que la otra produce a menor escala y se preocupa por reducir la emisión de gases contaminantes. ¿En qué empresa invertirías? Nadie sabe cuál de las dos crecerá más. Por eso, es importante que inviertas teniendo en cuenta el futuro que quieres que se haga realidad y que concuerde con aquello que a ti te parezca correcto.

Invierte comprando las acciones que emiten las sociedades anónimas

¡Veamos cómo funcionan las acciones y por qué su precio varía!

La forma más conocida de invertir es a través de acciones; esto consiste en la compraventa de acciones de una sociedad anónima. Una sociedad anónima es una empresa creada mediante la recaudación de dinero de distintas personas, lo que se consigue mediante la venta de acciones. A las personas que compran acciones se las llama «accionistas», y son una parte fundamental de las empresas. Por ello, las empresas celebran una vez al año una junta de accionistas en la que se elige al comité de dirección.

Las acciones se compran y venden en lo que se denomina «mercado de valores» y, al igual que el precio de la verdura, la carne u otros alimentos, el precio de las acciones cambia cada día. Si una empresa es rentable y muchas personas quieren comprar sus acciones, su precio subirá para mantener la ley de la oferta y la demanda. Si la empresa va bien y obtiene beneficios, repartirá los dividendos entre los accionistas. Cuanta más gente aporte dinero, más crecerá una empresa, porque, a más dinero, más posibilidades hay de superar todos los retos que surjan.

¿Se puede conseguir más dinero invirtiendo?

El rincón de preguntas de la profe Mari

¡Los numerosos privilegios de ser accionista!

Las prestaciones son un extra que la empresa da a sus accionistas, además de los dividendos, como muestra de su agradecimiento. Más de mil empresas ofrecen algún tipo de prestaciones a sus accionistas, que pueden elegir entre diversos productos, servicios y descuentos. También pueden recibir productos exclusivos que no están disponibles en otros sitios o participar en eventos exclusivos para accionistas. Las prestaciones varían dependiendo del número de accionistas que tenga la empresa. Una forma divertida de elegir la empresa en la que invertir es en función de las prestaciones que ofrece.

Las inversiones que incluso tú puedes hacer

¡Para saber más!

Tipos de inversiones

Existen muchas formas de invertir. Estas son algunas de las más comunes:

1 Acciones

El primer método es, como hemos visto en las páginas 60 y 61, comprando acciones. Cada acción está formada por un número fijo de acciones que se pueden comprar en tandas de cien unidades. Si una acción cuesta 13€, entonces 13€ x 100 = 1300€, por lo que se pueden comprar acciones a partir de 1300€.

2 Fondos de inversión

Un fondo de inversión consiste en dejar en manos de profesionales tu dinero para que ellos lo inviertan por ti, aunque tú decides la cantidad.

Los gestores reciben dinero de muchos inversores para que sean ellos los que se encarguen de gestionar el dinero en fondos de inversión. Los beneficios obtenidos se reparten entre los inversores, pero no hay garantías de que se obtengan beneficios, porque ni siquiera los profesionales en inversiones los tienen asegurados.

Experto en operaciones financieras

¡Dejádmelo a mí!

¿En qué invierto?

Fondo de inversiones

Acciones

Bonos

Bienes inmuebles

Inversores

¡Háblalo con tus padres y anímate a invertir!

Cuenta de ahorros infantil	Muchos bancos ofrecen cuentas de ahorro individuales con apertura y cancelación gratuitas en las que los menores de edad pueden ingresar la cantidad que quieran. Con ellas, se rentabiliza ese dinero de manera flexible gracias a los intereses que generan y se aprende a ahorrar y gestionar el dinero.
Fondos de inversión	En Japón, por poner un ejemplo, hay unos 6000 fondos de inversión creados por gestores de inversiones y vendidos principalmente a través de entidades bancarias, sociedades de valores y otras distribuidoras. También existen empresas especializadas en fondos de inversión. Antes de elegir uno, investiga en qué invierten.
Acciones *(mini stocks, acciones para principiantes, etc.)*	Por lo general, se suelen comprar 100 acciones, pero también se puede comprar una décima parte (10 acciones) o puedes comprar una sola acción, a lo que se conoce como acciones para principiantes o *mini stocks*.

¡Prueba esto!

Simuladores de inversiones

Hay juegos y explicaciones que permiten experimentar la compraventa de acciones a precios reales, pero usando dinero imaginario (dinero virtual). Es una buena manera de aprender a invertir antes de hacerlo de verdad.

3 Bonos del Estado

El Estado emite unos bonos que pueden comprarse. Los bonos son un certificado que asegura que has prestado dinero al Estado. Existen muchos tipos y varían según el país, aunque estos son los más habituales:

¿Se puede conseguir más dinero invirtiendo?

Tipos de bonos del Estado	Bonos de descuento	Son bonos del Estado que se adquieren con un descuento y se venden a un precio fijo. La diferencia con los bonos normales es el porcentaje de beneficio. Solo las empresas y otras entidades jurídicas pueden comprarlos, no particulares.
Hay 2 grandes grupos	Bonos del Estado con intereses	La rentabilidad se suele pagar cada seis meses (dos pagos al año) o una vez al año. El capital se amortiza al vencimiento. Los particulares solo pueden comprar los denominados bonos del Estado para particulares. • Bonos de tipo fijo • Bonos de interés variable • Bonos ligados a la inflación • Bonos del Estado para particulares

¡Estos son los que los particulares pueden comprar!

El cuento del millonario de la brizna de paja: cómo el mendigo llegó a millonario

El millonario de la brizna de paja

Había una vez un hombre pobre que no tenía dinero. Trabajaba con diligencia cada día, pero su situación no mejoraba, así que pidió ayuda a Kannon, la diosa de la misericordia. La diosa le dijo que atesorara el primer objeto que tocara y viajara con él. Cuando el hombre salió del templo, tropezó con una piedra y se cayó, y, sin querer, tocó una brizna de paja, así que la tomó y caminó con ella como la diosa le había dicho. Un moscardón empezó a volar cerca de su cara, zumbando tan fuerte que resultaba insoportable. El hombre atrapó la mosca y la ató al extremo de la paja. Andando por el camino, se encontró con un niño pequeño que lloraba mucho y que, al ver la mosca atada, la quiso para sí. El hombre se negó a dársela, pero la madre del niño le ofreció a cambio una mandarina, a lo cual el hombre accedió y se alejó de allí con la mandarina.

Siguió caminando y se encontró con un mercader que tenía una acuciante sed. El comerciante quiso la mandarina del mendigo, así que se la cambió por unas finas telas.

El hombre intercambiaba objetos con las personas que encontraba en su viaje. No se quedaba con ellas, sino que aceptaba las peticiones de la gente e intercambiaba lo que tenía con ellos. ¡Así alcanzó el éxito!

Continuó con su viaje y se encontró con un samurái cuyo caballo yacía en el suelo. El samurái le dijo que el animal había caído repentinamente enfermo, pero que tenía prisa y se veía en la necesidad de abandonarlo. El hombre cambió las telas por el caballo. Luego, buscó agua para dársela a beber al animal, que recobró fuerzas. El hombre se subió a lomos del caballo y continuó su viaje.

En su camino, se encontró con una gran casa cuyo dueño estaba a punto de salir de viaje. Este le pidió al hombre pobre que cuidara de su casa y que le prestara el caballo; a cambio, si no se lo devolvía en el plazo de un año, le regalaría su casa. El hombre aceptó; el dueño se montó en el caballo y emprendió su viaje.

Pasaron tres años y el dueño de la casa no regresó, así que el hombre se quedó con la casa y vivió una vida de abundancia.

Así fue como el mendigo consiguió hacerse rico con una brizna de paja, por lo que todo el mundo empezó a conocerlo como «el millonario de la brizna de paja».

El caballo enfermo podría haber muerto, ¿verdad? Si eso hubiera sucedido, haber intercambiado las telas por él no habría servido de nada. Pero, si se recuperaba, volvería a ser de utilidad. Ese fue el riesgo que el mendigo tuvo que afrontar y que lo convirtió en millonario.

¿Se puede conseguir más dinero invirtiendo?

A nadie le gusta perder dinero, ¿hay alguna forma de evitarlo?

Hay un dicho que reza que el dinero es la sangre de la economía, el flujo de dinero que la mantiene activa. Las variaciones de las cotizaciones (el valor de las acciones y otros instrumentos) son importantes, pero recuerda que invertir consiste en apoyar a las empresas, por lo que no tiene sentido pensar únicamente en si has ganado o perdido dinero. La clave para invertir bien es pensar a largo plazo y no centrarte en las variaciones de los precios, por lo que debes buscar una empresa que te permita ganar más dinero a largo plazo.

¿Te suena el *crowdfunding?* Es una forma de recaudar dinero en internet. Existen dos tipos de *crowdfunding* para ayudar a particulares y empresas a llevar a cabo sus ideas: sin inversión y con inversión. En ambos, el dinero lo ponen las personas que quieren apoyar la iniciativa.

Con las inversiones ocurre lo mismo: la empresa a la que apoyas contribuye a la sociedad y a las personas, y tú recibes parte del dinero generado por ello. Como ves, no solo se trata de ganar dinero.

El rincón de preguntas de la profe Mei

La mejor inversión es estudiar y trabajar

Hay muchas formas de invertir, pero la mejor que puedes hacer ahora es estudiar para trabajar cuando seas mayor. Invertir no consiste en dejar que el dinero trabaje por sí solo mientras tú te diviertes, sino en aprender sobre las empresas, el mundo, cómo utilizar el dinero, cómo trabajar para ganar dinero por tu cuenta… Esa es la mejor inversión que puedes hacer.

¡CITAS sobre el DINERO a lo largo de la historia de Oriente y OCCIDENTE!

Parte 4

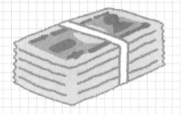

Joseph Murphy (1898 - 1981)

Escritor y autor religioso de origen irlandés. Las famosas «leyes de Murphy» le deben su nombre.

> El dinero es la manifestación visible de la riqueza invisible.

El dinero ha recorrido un largo camino antes de acabar en tus manos. Piensa qué puede ser esa «riqueza invisible».

Proverbio judío

> Nuestro dinero debe dividirse en tres partes: un tercio hay que dedicarlo a tierras; otro tercio, a los negocios; y el que queda, ahorrarlo.

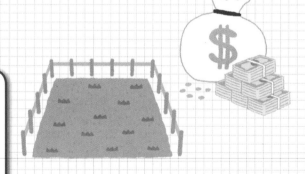

La idea de dividir el dinero que se tiene para destinarlo a diferentes fines parece existir desde hace mucho tiempo.

¿Qué son los impuestos y la seguridad social?

¡Esto es lo que aprenderás!

- Los impuestos
- Para qué se usan los impuestos
- Impuestos sobre el consumo
- La seguridad social
- Las pensiones

Los impuestos son el dinero que se usa para hacer de la sociedad un lugar mejor en el que vivir

¡Equipo impuestos, uníos!

Todo lo que nos rodea son cosas pagadas y construidas gracias a los impuestos

Los libros de texto que usan algunos niños en la escuela y el potro que saltas en la clase de Educación Física se compran, en parte, con los impuestos que pagan los contribuyentes. Los impuestos son una pequeña cantidad que se quita a tus padres de su sueldo para ayudar a hacer que la ciudad en la que vives sea un lugar mejor para todo el mundo. Las calles por las que transitamos, los semáforos…, todo eso se construye e instala con el dinero que se recauda con los impuestos. Los impuestos también sirven para pagar las ambulancias que vienen a ayudarnos cuando estamos heridos o enfermos, y los camiones de bomberos que acuden a nuestro rescate en caso de incendio.

Quizá no te guste mucho la idea de que te quiten una parte del sueldo que has ganado con tu trabajo, pero, si no existieran los impuestos, tu ciudad se vería sumida en el caos: no habría policías que detuvieran a los ladrones, no habría escuelas, las carreteras tendrían socavones… ¿Verdad que no querrías vivir en un lugar así? Los impuestos son el dinero de todos. Debes aprender a apreciar que todo lo que se fabrica y lo que compras se consigue gracias a los impuestos.

El rincón de preguntas de la profe Mei

¿Qué pasaría si no hubiera impuestos?

Los impuestos también se dedican a pagar los salarios de las personas que trabajan al servicio de la ciudad, como los policías, los bomberos y los funcionarios del ayuntamiento. Si los impuestos desaparecieran, los ciudadanos tendríamos que pagar por los servicios que ahora mismo recibimos gratuitamente, como las carreteras por las que circulamos para ir a la escuela. También habría que pagar a los policías si quisiéramos que vinieran a ayudarnos, o cada vez que cruzamos un paso de peatones. Por eso, no debes pensar en los impuestos como un dinero que preferirías no tener que pagar, sino que debes comprender cómo se utilizan.

¡La ciudad en la que vives es

Piensa en esto: ¿quién compró todo lo que hay en la escuela?

Profe Mari

Gracias a los impuestos, se pueden mantener las escuelas públicas. Con ese dinero se garantiza que todo el mundo pueda estudiar. Los impuestos son el dinero más importante para los ciudadanos y, por ello, debemos interesarnos por lo que se hace con ellos.

¡La escuela se financia con los impuestos!

¿Quién construyó la escuela pública a la que vas cada día? Por supuesto, no se hizo por arte de magia: se construyó con los impuestos, el dinero que se quita a todos los padres de sus sueldos para contribuir a mejorar la ciudad. El gimnasio, la piscina y el patio de la escuela también son obra de los impuestos.

Las herramientas del laboratorio de Ciencias

Hay muchos instrumentos que usas para los experimentos en clase de Ciencias, ¿verdad? Todas las herramientas se compran con el dinero de los impuestos. Gracias a ese dinero, puedes disfrutar haciendo experimentos en clase.

¡Los libros tampoco son gratis!

Los libros que se usan en las escuelas públicas no son gratis, sino que muchos se financian con el dinero de los impuestos. Así, todos podemos tenerlos y utilizarlos por igual.

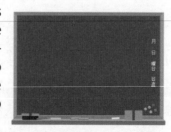

Pizarras y borradores

Incluso las pizarras y los borradores se pagan con los impuestos. ¡Cuídalos mucho!

posible gracias a los impuestos!

La ciudad está llena de elementos construidos o pagados con impuestos. Da un paseo por tu ciudad y busca qué se ha pagado con impuestos. Puede que descubras cosas inesperadas.

¡Busquemos los rastros de los impuestos en la ciudad!

El sueldo de los policías

Los contribuyentes pagan los sueldos de los policías que mantienen la seguridad en las calles, además de los coches patrulla y los uniformes.

Mantenimiento de bibliotecas

Todos disfrutamos de bibliotecas en nuestra ciudad. Las bibliotecas son lugares en los que aprender y divertirse, y para construirlas y comprar sus libros se usa el dinero de los impuestos. ¡Úsalos bien!

Ambulancias y camiones de bomberos

Con los impuestos también se pagan las ambulancias y camiones de bomberos. Es difícil imaginar una ciudad sin ambulancias ni coches de bomberos por no pagar impuestos, ¿verdad?

Las carreteras

Las carreteras también se pagan con los impuestos. ¡Sin carreteras no podríamos ir a ninguna parte! Nadie querría vivir en una ciudad así.

Recogida de basuras

Los camiones de la basura pasan varias veces a la semana por toda la ciudad y se pagan con los impuestos. Si dejaran de venir los camiones de la basura, la ciudad se convertiría en un vertedero.

Los impuestos son el dinero que aportan los ciudadanos. Sé respetuoso con lo que se construye o paga con el dinero de todos.

Profe Yoshi

¿Qué son los impuestos y la seguridad social?

¡Estos son algunos de los diferentes tipos de impuestos!

Los impuestos se dividen en estatales y locales, así como en directos e indirectos

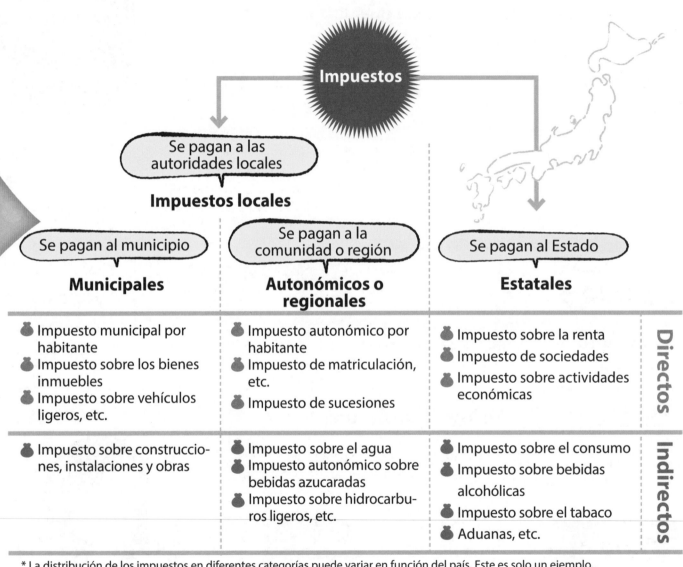

Impuestos

Se pagan a las autoridades locales

Impuestos locales

Se pagan al municipio

Municipales

Se pagan a la comunidad o región

Autonómicos o regionales

Se pagan al Estado

Estatales

Municipales	Autonómicos o regionales	Estatales	
• Impuesto municipal por habitante • Impuesto sobre los bienes inmuebles • Impuesto sobre vehículos ligeros, etc.	• Impuesto autonómico por habitante • Impuesto de matriculación, etc. • Impuesto de sucesiones	• Impuesto sobre la renta • Impuesto de sociedades • Impuesto sobre actividades económicas	**Directos**
• Impuesto sobre construcciones, instalaciones y obras	• Impuesto sobre el agua • Impuesto autonómico sobre bebidas azucaradas • Impuesto sobre hidrocarburos ligeros, etc.	• Impuesto sobre el consumo • Impuesto sobre bebidas alcohólicas • Impuesto sobre el tabaco • Aduanas, etc.	**Indirectos**

* La distribución de los impuestos en diferentes categorías puede variar en función del país. Este es solo un ejemplo.

¡Todos los impuestos recaudados se usan para mejorar nuestras vidas!

¡Veamos los diferentes tipos de impuestos!

¿Qué son los impuestos estatales? ¿Y los locales? ¿Directos? ¿Indirectos?

Los impuestos se dividen en dos grupos: los impuestos estatales y los locales. Dentro de estos dos grupos hay otros dos tipos, que son los impuestos directos y los indirectos. Los impuestos directos son los que pagan directamente los contribuyentes, mientras que los indirectos son pagados por terceros.

Imagina que tus padres se acaban de comprar un coche nuevo y proponen hacer un viaje en familia a unas aguas termales. ¿Qué impuestos os tocaría pagar?

Se paga al comprar un coche nuevo

Impuesto de matriculación

⬇

Impuesto autonómico

Impuesto directo

Papá se toma unas cervezas

Impuesto sobre bebidas alcohólicas

⬇

Impuesto estatal

Impuesto indirecto

Circular hasta las aguas termales

Impuesto de circulación

⬇

Impuesto municipal

Impuesto directo

¿Qué son los impuestos y la seguridad social?

Los impuestos son el dinero que se usa para hacer de la sociedad un lugar mejor en el que vivir

Los diputados son elegidos por los ciudadanos como sus representantes. Los diputados son los encargados de discutir y decidir en qué gastar los impuestos

Los miembros de un congreso discuten y deciden en qué gastarán el dinero recaudado a través de los impuestos. El artículo 133 de la Constitución Española (en Japón es el 81), por ejemplo, establece que solo el Congreso, o cámara baja, puede decidir en qué gastar los impuestos estatales. Los diputados o representantes de esta cámara son elegidos por los ciudadanos, razón por la que las elecciones son tan importantes. Los niños no tienen derecho a voto, pero, cuando alcances la mayoría de edad, podrás ejercer tu derecho a voto en las elecciones. Aprovecha hasta entonces para aprender todo lo que puedas. Puedes, por ejemplo, estudiar cómo la cámara baja de tu país decide en qué invertir los impuestos a través de la televisión o internet, ya que los plenos suelen retransmitirse en directo.

Es importante que sepas en qué se gastan los impuestos y si se usan en lo que verdaderamente se necesita. Nuestro deber como ciudadanos es comprobar que el dinero que pagamos en impuestos se utiliza debidamente.

El rincón de preguntas de la profe Mari

¿A qué se destina principalmente el dinero de los impuestos?

Los diputados elegidos para representar a los ciudadanos son los que deciden en qué se usa el dinero recaudado con los impuestos, pero ¿en qué se gastan? Buena parte se destina a la seguridad social, con lo que se asegura que todas las personas puedan tener acceso a atención médica. Con ese dinero, por ejemplo, se pagan los costes médicos de las enfermedades y las lesiones, y se asegura estabilidad económica a las personas mayores y discapacitadas.

¿Los niños también pagan impuestos?

¡Los niños pagan impuestos sobre el consumo cada vez que compran algo!

Los adultos, que tienen derecho a voto, pueden decidir indirectamente cómo quieren que se gasten sus impuestos eligiendo a los diputados que representarán sus ideas en el Congreso. Sin embargo, los niños, que no tienen derecho a voto, no pueden elegir a representantes que decidan por ellos a qué destinar los impuestos. Aun así, los niños también pagan impuestos, como por ejemplo los impuestos sobre el consumo. El impuesto sobre el consumo se añade automáticamente al precio de los bienes que se adquieren y es uno de los impuestos que más contribuyen a mejorar un país. Sin embargo, hay quienes piensan que los niños no deberían pagar impuestos porque no tienen derecho a voto ni a decidir en qué se invierten los impuestos. Cuando eres pequeño, aunque estás en pleno aprendizaje, no tienes ni voz ni voto, pero cuando llegues a la mayoría de edad (en muchos países, esto es al cumplir los dieciocho años) podrás hacerte escuchar. Aprende todo lo que puedas mientras seas pequeño para algún día ser un adulto que sepa cómo quiere que se use el dinero de sus impuestos.

El IVA varía dependiendo del país

País	IVA (impuesto sobre el valor añadido)	País	IVA (impuesto sobre el valor añadido)
Dinamarca	25 %	Bélgica	21 %
Suecia	25 %	España	21 %
Noruega	25 %	Francia	20 %
Italia	22 %	Inglaterra	20 %
Países Bajos	21 %	Japón	10 %

*A fecha de febrero de 2022.

Compilación

de los impuestos más sorprendentes del mundo

Aunque puedan parecerte mentira, ¡estos impuestos existieron de verdad!

Impuesto Sorprendente 1 — Impuesto sobre la barba — Rusia

El zar Pedro I de Rusia descubrió, durante su formación en Europa, que para los hombres de los países europeos más desarrollados era habitual afeitarse la barba, mientras que en Rusia la barba era un símbolo de masculinidad. Cuando regresó a Rusia tras completar sus estudios, y siguiendo el ejemplo de dichos países, fomentó que los hombres se afeitaran hasta el punto de imponer un impuesto que debían pagar quienes llevaran barba. Si tenías barba y no pagabas el impuesto, la policía te obligaba a afeitártela.

Impuesto Sorprendente 2 — Impuesto de las ventanas — Reino Unido

Este impuesto existió hace mucho tiempo en Inglaterra. En época de Guillermo III, las hojas de vidrio para hacer los cristales de las ventanas eran muy caras, por lo que el rey pensó que, si una casa tenía muchas ventanas, sus habitantes debían de ser ricos, razón por la que creó este impuesto. Pero la gente de la época no quería pagar este impuesto, así que tapiaban las ventanas de sus casas.

Impuesto Sorprendente 3 — Tarifas de congestión — Reino Unido

Este impuesto se implantó en Londres en un momento en que los atascos suponían un grave problema. Este impuesto sigue en vigor y se cobra por conducir por el centro de Londres a determinadas horas del día, pero, si tu coche es respetuoso con el medio ambiente, eléctrico o híbrido, estás exento de pagar esta tasa. Este impuesto se implantó pensando en el medio ambiente y, desde que entró en vigor, la congestión del tráfico en Londres se ha reducido.

Impuesto Sorprendente 4 — Impuesto sobre los perros — Alemania

No es un dato muy conocido, pero en Japón antiguamente existía un impuesto que tenían que pagar los propietarios de perros. En Alemania, los propietarios de perros pagan un impuesto basado en el número de perros que tienen. Al pagar este impuesto, el dueño recibe una placa que tiene que colocar en el collar de su perro. El dinero recaudado con este impuesto se destina a mantener las calles limpias de excrementos de perros, y, en caso de que el perro se pierda, la placa facilita la devolución a su dueño. En otros países de Europa, no solo en Alemania, se ha implantado un impuesto sobre los perros.

5 Impuesto a la soltería

Bulgaria

Actualmente, este impuesto ya se ha suprimido, pero Bulgaria tuvo un impuesto a la soltería, gravando a los solteros con un impuesto de entre el 5 y el 10 % de sus ingresos. Por aquel entonces, Bulgaria se enfrentaba a un déficit de natalidad y al Gobierno se le ocurrió la idea de crear un impuesto para los solteros. Este impuesto no obtuvo los resultados esperados y, debido al descontento de la población, acabó por suprimirse.

6 Impuesto sobre la grasa

Dinamarca

Hace un tiempo se introdujo en Dinamarca el llamado impuesto sobre la grasa, que se gravó sobre alimentos que contenían más de un 2,3 % de grasas saturadas, como la mantequilla y el queso. También era conocido como el «impuesto de la mantequilla», y fue abolido un año después de instaurarse debido al aumento de los precios de los alimentos y al descontento de la población.

7 Impuesto a la cobardía

Reino Unido

Este impuesto existió hace mucho mucho tiempo en Reino Unido, y se cobraba a quienes no querían luchar en nombre del rey. Cuando el impuesto se instauró, este no era muy elevado, pero, durante sus largos trescientos años de vigencia, aumentó. Además, la interpretación de lo que era la cobardía se amplió hasta el punto de considerar cobardes a los soldados que no habían luchado ni una vez en un año. Para las sociedades modernas, es un impuesto que no tiene ningún sentido.

¿Sabías que también se pensó cobrar un impuesto por las flatulencias del ganado?

Profe Ando

Cuando estamos enfermos y vamos al médico, los niños y los padres pagamos cantidades distintas

Por muy cuidadoso que seas, puedes caer enfermo o hacerte alguna herida o lesión en cualquier momento, y cuando nos hacemos mayores no podemos trabajar si esto ocurre. La seguridad social es un sistema de ayuda con el que se logra que todas las personas puedan tener una vida digna y saludable. Las prestaciones que ofrece se dividen en cuatro ramas. La primera de ellas es la seguridad social, destinada a ayudar a las personas cuando están enfermas o heridas, en paro o jubiladas. Sus coberturas incluyen la atención médica, el seguro de desempleo y el seguro de pensiones. Otro tipo es la asistencia pública, un sistema que ayuda a quienes tienen ingresos bajos por diversas circunstancias personales y da ayudas de subsistencia, a la educación y a la vivienda. El tercer tipo es la asistencia social, que engloba una serie de ayudas a personas que atraviesan dificultades para ser independientes, como los ancianos y personas con diversidad funcional. Y la última es la salud pública, que asegura una ciudad limpia y cuidada mediante, por ejemplo, el suministro de agua y el alcantarillado.

Seguridad social			
Seguridad social	**Asistencia social**	**Asistencia pública**	**Salud pública**
Sistema en el que las personas pagan las primas por adelantado y reciben las prestaciones cuando las necesitan.	Sistema que garantiza el sustento a las personas mayores y socialmente vulnerables.	Sistema que garantiza una calidad de vida mínima a las personas más necesitadas.	Sistema que garantiza la vacunación de la población y que las viviendas dañadas por las inundaciones sean desinfectadas.
Seguro médico Seguro de desempleo Seguro de pensiones	Asistencia social para la tercera edad Bienestar materno-infantil Bienestar infantil Asistencia a gente con diversidad funcional	Ayudas a la subsistencia Ayudas a la educación Prestación de viviendas	Control de enfermedades Sistema de alcantarillado Gestión de residuos Vacunación

¡Hay cuatro ramas!

¿Qué son los impuestos y la seguridad social?

Las pensiones son un sistema por el que los jóvenes mantienen a la gente de la tercera edad, que ya ha trabajado durante mucho tiempo

El sistema de pensiones de cada país no se limita a cubrir los gastos diarios cuando eres mayor, sino que te presta ayuda siempre que lo necesites

Todos hemos atravesado momentos difíciles en nuestras vidas, ¿verdad? La seguridad social es un sistema con el que ayudar a las personas cuando más lo necesitan, y el sistema de pensiones funciona de acuerdo con el mismo planteamiento: está diseñado para que los jóvenes sean los que ayuden a las personas mayores, quienes han trabajado muy duro por su país durante muchos años. Las personas que pertenecen al grupo de la tercera edad ya pagaron, cuando eran jóvenes, las pensiones de las personas mayores de su época. En países como Japón, por ejemplo, todos los ciudadanos mayores de veinte años están obligados a afiliarse al sistema nacional de pensiones, mientras que en España todo trabajador contribuye con una parte cuando empieza a trabajar. Es egoísta pensar en cuánto vas a recibir a cambio de lo que das en un sistema tan solidario como este. La pensión más conocida es la de la jubilación, pero también hay pensiones por invalidez y por deceso. La de invalidez es una ayuda que se recibe por incapacidad y la de deceso es la que percibe la familia de alguien si este fallece.

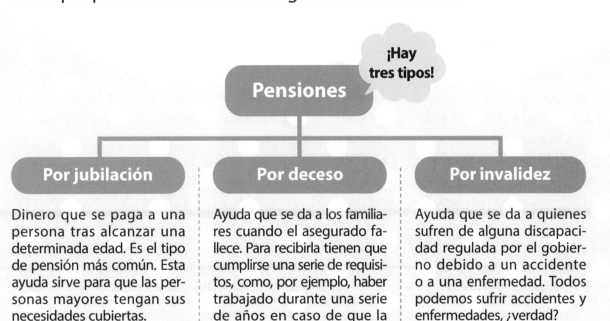

¡Hay tres tipos!

Pensiones

Por jubilación

Dinero que se paga a una persona tras alcanzar una determinada edad. Es el tipo de pensión más común. Esta ayuda sirve para que las personas mayores tengan sus necesidades cubiertas.

Por deceso

Ayuda que se da a los familiares cuando el asegurado fallece. Para recibirla tienen que cumplirse una serie de requisitos, como, por ejemplo, haber trabajado durante una serie de años en caso de que la muerte no se produzca como consecuencia de un accidente o enfermedad profesional.

Por invalidez

Ayuda que se da a quienes sufren de alguna discapacidad regulada por el gobierno debido a un accidente o a una enfermedad. Todos podemos sufrir accidentes y enfermedades, ¿verdad?

¡Aprende a planificar tus gastos con tu paga!

La paga es el primer dinero del que disponen los niños para gastar con total libertad en lo que quieran. La cantidad de dinero que se da como paga depende de cada familia, pero supongamos que tu paga fuera de 5 € al mes: ¿los gastarías y te comprarías lo primero que te apeteciera? Esos 5 € podrían suponer una gran diferencia dentro de un año. No tienes por qué gastar tu paga nada más recibirla, ni tampoco ahorrarla toda. La clave está en la planificación. El objetivo de la paga es que aprendas a planificar el uso que vas a dar a tu dinero.

Pero ¿qué quiere decir eso de planificar? Hay muchos métodos de planificación, como tener una libreta de ahorros en la que apuntar lo que gastas, aunque esto puede ser algo complicado de hacer y, a la larga, aburrido. Prueba a dividir tu paga en cuatro huchas que puedes hacer con tarros de mermelada y decóralas con dibujos para personalizarlas.

Cada hucha te servirá para una cosa distinta: la primera para el dinero que quieres ahorrar, la segunda para el dinero que quieres gastar en ti mismo, la tercera para el dinero que quieres gastar en otras personas y la cuarta para el dinero con el que harás crecer tu dinero. Lo único que debes hacer es dividir el dinero que recibes cada mes según cómo quieras usarlo y meterlo en la hucha correspondiente. Debes tener clara tu planificación a la hora de dividir el dinero. La gestión de la hucha que te ayudará a hacer crecer tu dinero necesita de la cooperación de tu familia; por ejemplo, cada vez que metas dinero en ella, tus padres pueden aportar una pequeña cantidad extra a modo de rentabilidad. El objetivo de este sistema es el de aprender que es importante ahorrar dinero, pero también hacerlo crecer.

¡Los diferentes métodos para gestionar tu paga!

Libreta de ahorros

Puedes usar una libreta cualquiera o comprar una pensada para este fin. Sirve para llevar un registro de cuánto, en qué y cuándo gastas tu dinero. Teniendo una libreta como esta, podrás controlar tus gastos e ingresos.

Guardar los recibos de las compras

Llevar una libreta de ahorros puede ser muy complicado, por lo que te recomendamos que guardes los recibos de lo que compras. Podrás contabilizar tus gastos ordenando los *tickets* por fecha y apuntándolos en el cuaderno.

¡Es muy difícil y te aburrirás enseguida!

¡Divide tus ahorros en 4 huchas!

Ahorros

Es el dinero que no necesitas usar. Si ahorras durante meses, podrás hacer grandes compras que no podrías hacer con la paga del mes.

Para gastar en ti

Es el dinero para gastar en cosas que quieres o necesitas a corto plazo. No tienes que ahorrar todo tu dinero; también tienes que comprar aquello que quieras y necesites.

Para gastar en otras personas

Es el dinero que puedes utilizar para hacer regalos de cumpleaños y aniversario a tus padres, abuelos, hermanos y otros seres queridos.

Para tener más dinero

Hay muchas formas de hacer crecer tu dinero. Puedes usar aplicaciones para calcular los intereses y, así, conseguir más dinero. También puedes buscar algún banco físico en el que depositar tu dinero.

¡Las 4 habilidades que aprenderás con el método de las 4 huchas y que te servirán cuando seas mayor!

Dinero para ahorrar

Dinero para gastar

Dinero para gastar en otras personas

Dinero para tener más dinero

 Cuando seas mayor

 Cuando seas mayor

 Cuando seas mayor

 Cuando seas mayor

Serán tus ahorros del mañana

Ahorrar dinero es bueno para el futuro, por si surge alguna emergencia y para afrontar grandes gastos. Aunque tengas una paga pequeña, puedes conseguir una gran cantidad de dinero.

Serán tus gastos básicos

El alquiler, la luz, el agua y la comida… Esos serán tus gastos básicos, además del dinero que dediques al ocio. Es el dinero que usamos en nuestro día a día.

Para pagar impuestos y la seguridad social

Tanto los impuestos como la seguridad social forman parte del sistema de ayuda mutua. Es dinero que inviertes en los demás y en ti mismo.

Serán tus inversiones

Es el dinero que podrás usar para invertir cuando seas mayor. Es importante ahorrar y gastar dinero, pero también puedes conseguir más dinero, dependiendo de cómo lo gestiones.

¡Es importante que agarres el toro por los cuernos y pienses debidamente sobre el dinero!

Profe Mei

Piensa en el dinero de estas categorías como si lo invirtieras en otras personas

En esta sección especial has aprendido a pensar en las inversiones como el dinero con el que conseguimos más dinero, pero también existe la mentalidad de ver las inversiones como el dinero que usamos en beneficio de otras personas. Cuando inviertes en acciones, estás ayudando a una empresa porque crees que su crecimiento ayudará a mejorar la sociedad. El verdadero significado tras las inversiones es el de ayudar a los demás.

¡Ahorra y gana más dinero haciendo feliz a los demás y serás un adulto admirable!

El dinero es una parte fundamental de nuestras vidas, pero ¿realmente importa más el dinero que ganes que el trabajo que tienes? ¿Acaso es más importante conseguir dinero a toda costa que cómo lo consigues? Es muy triste ver las cosas así. Una vida verdaderamente feliz es aquella en la que ganas dinero con un trabajo que disfrutas y con el que contribuyes a mejorar la sociedad.

No solo importa si ganas más dinero cuando inviertes, sino que también es esencial que quieras que la empresa en la que inviertes crezca y contribuya a mejorar la sociedad. Tanto en el mundo laboral como en el de las inversiones, lo más importante es el sentimiento. Los adultos más admirables son los que ganan dinero guiándose por pensamientos y sentimientos honestos.

¡EXTRA!

¡CITAS sobre el DINERO a lo largo de la

Marco Tulio Cicerón (106 a. C. – 43 a. C.)

Político y filósofo romano

> La miseria causada por la riqueza es la peor de las desgracias.

> Nuestros ingresos son como nuestros zapatos: si son demasiado pequeños, nos aprietan y nos molestan; pero si son demasiado grandes, nos hacen tropezar y caer.

Joseph Murphy (1898 - 1981)

Filósofo inglés

Shigeta Saito (1916 - 2006)

Psiquiatra y ensayista japonés

> El dinero, el amor y el talento llegan a quienes desean sinceramente tenerlos y a quienes los valoran.

> Cuando nos obsesionamos con los beneficios y las pérdidas, nos volvemos menos humanos.

Konosuke Matsushita (1894 - 1989)

Empresario japonés

Marilyn Monroe (1926 - 1962)

Actriz y modelo estadounidense

> No quiero tener dinero. Yo solo quiero ser maravillosa.

> Quienes dicen no poder hacer nada porque no tienen dinero tampoco harían nada si lo tuvieran.

Steve Jobs (1955 - 2011)

Empresario estadounidense

Ichizo Kobayashi (1873 - 1957)

Empresario y político japonés

> No estamos aquí por el dinero; todo lo que podemos comprar tiene un límite.

historia de Oriente y OCCIDENTE !

Charles Chaplin (1889 - 1977)

Cómico inglés

> La vida es mucho mejor si no se tiene miedo. Lo único que necesitas es vivir, además de valor, imaginación y un poco de dinero.

> El dinero no lo es todo en esta vida, pero la vida sin dinero tampoco es vida. La mitad de las oportunidades se pierden si no tienes dinero.

William Somerset Maugham (1874 - 1965)

Dramaturgo y novelista inglés

> No confíes en la gente que desprecia la riqueza, pues quien la desprecia la ansía desesperadamente. Si un hombre así se hiciera rico, sería el peor de todos.

Francis Bacon (1561 - 1626)

Filósofo y político inglés.

Eiichi Shibusawa (1840 - 1931)

Empresario japonés

> El dinero son los residuos del trabajo. Al igual que una máquina los genera al funcionar, las personas generamos dinero al trabajar.

Arthur Schopenhauer (1788 - 1860)

Filósofo alemán

> La riqueza es como el agua del mar; cuanto más bebes, más sediento estás.

¡Un mensaje para vosotros, los adultos del mañana!

Profe Mei

El dinero y la felicidad van de la mano, pero tener dinero no da la felicidad. Encuentra la manera de usar y ganar dinero y de vivir tu vida para ser feliz.

Profe Ando

Invertir no solo consiste en ganar dinero. Invierte también en ti, en mejorar tus habilidades y en desarrollarte como persona, para servirte de todo ello y cambiar el mundo cuando seas adulto.

Profe Aoharu

Para que algún día seas un adulto que pueda decidir sobre su futuro y avanzar, es importante adquirir conocimientos de todo tipo: sobre la sociedad, el dinero ¡y muchas otras cosas!

Profe Yoshi

Hay mucho que aprender sobre el dinero. ¡Es maravilloso saber gestionarlo! Aunando tus intereses e ilusión con tus conocimientos monetarios, podrás convertirte en la persona que deseas ser.

Profe Mari

Tanto tú como yo tenemos un potencial inmenso. No te dejes llevar por el sentido común ni tengas miedo a equivocarte, ¡no te rindas y sigue intentándolo! Hay muchas cosas que solo se descubren probándolas.

Despedida
A los peques de la casa

En las escuelas no se enseña casi nada sobre el dinero, pero cuando sales al mundo exterior te das cuenta de lo importante que es en realidad.

A cambio de tu trabajo, consigues dinero, y las cosas que quieres y necesitas se consiguen con dinero… El dinero será una parte fundamental de tu vida cuando seas mayor, pero es muy difícil lidiar con él.

Es triste crecer sin saber qué hacer con el dinero ni tener retos que te desafíen. Es igual de triste que esos adultos tan obsesionados por ganar más y más dinero, tanto que dejan de preocuparse por los demás y dedican su vida simplemente a eso, a ganar dinero.

El dinero no es más que un compañero de viaje que te ayudará a ser feliz, y, para tener una buena relación con tu amigo, el dinero, debes aprender sobre él. Por ello, espero que este libro te haya resultado útil.

Nunca podrás vivir una vida feliz si lo único que te importa es el dinero, pero, si aprendes a gestionarlo adecuadamente, este jamás se interpondrá en tu felicidad.

Contribuye a construir un mundo mejor haciendo felices a los demás y sabiendo qué es y cómo usar el dinero. Y, sobre todo, espero de todo corazón que seas feliz.

Yoko Yagi (representante de Kids Money Station)

Yoko Yagi (representante de Kids Money Station)

Fundadora de Kids Money Station, una organización que, desde 2005, promueve la educación financiera y profesional entre los más jóvenes. Desde 2019, cuenta con un equipo docente formado por doscientos profesores que han impartido clases y conferencias en escuelas primarias, secundarias y de bachillerato por todo Japón. Desde abril de 2017, participa como planificadora financiera de libros de texto de educación secundaria y bachillerato para el Ministerio de Educación, Cultura, Deporte, Ciencias y Tecnología japonés (conocido como MEXT), donde trata temas de economía doméstica.